GW00455153

Zhōngguāncūn gùshi   zhī   yī

中关村 故事之一

The First Story from Zhongguancun

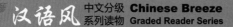
汉语风 中文分级系列读物 **Chinese Breeze** Graded Reader Series

第1级
300词级
Level 1
300 Word Level

nǐ zuì xǐhuan shuí

你最喜欢谁？

Whom do you like more?

主　编　刘月华（Yuehua Liu）　储诚志（Chengzhi Chu）

原　创　温金海（Jinhai Wen）

（第二版）

北京大学出版社
PEKING UNIVERSITY PRESS

图书在版编目(CIP)数据

你最喜欢谁？/刘月华，储诚志主编. —2版.—北京：北京大学出版社，2017.5

(汉语风中文分级系列读物)

ISBN 978-7-301-28254-0

Ⅰ.①你…　Ⅱ.①刘…②储…　Ⅲ.①汉语—对外汉语教学—语言读物　Ⅳ.①H195.5

中国版本图书馆CIP数据核字(2017)第085217号

书　　　名	你最喜欢谁?(第二版)
著作责任者	刘月华　储诚志　主编
	温金海　原创
责 任 编 辑	李凌
标 准 书 号	ISBN 978-7-301-28254-0
出 版 发 行	北京大学出版社
地　　　址	北京市海淀区成府路205号　100871
网　　　址	http://www.pup.cn　新浪微博:@北京大学出版社
电 子 信 箱	zpup@pup.cn
电　　　话	邮购部 62752015　发行部 62750672　编辑部 62753027
印 刷 者	北京大学印刷厂
经 销 者	新华书店
	850毫米×1168毫米　32开本　2.5印张　39千字
	2008年9月第1版
	2017年5月第2版　2017年5月第1次印刷
定　　　价	20.00元

刘月华

　　毕业于北京大学中文系。原为北京语言学院教授，1989 年赴美，先后在卫斯理学院、麻省理工学院、哈佛大学教授中文。主要从事现代汉语语法，特别是对外汉语教学语法研究。近年编写了多部对外汉语教材。主要著作有《实用现代汉语语法》（合作）、《趋向补语通释》《汉语语法论集》等，对外汉语教材有《中文听说读写》（主编）、《走进中国百姓生活——中高级汉语视听说教程》（合作）等。

储诚志

　　夏威夷大学博士，美国中文教师学会前任会长，加州大学戴维斯分校中文部主任，语言学系博士生导师。兼任多所大学的客座教授或特聘教授，多家学术期刊编委。曾在北京语言大学和斯坦福大学任教多年。

温金海

　　1984 年毕业于厦门大学中文系。现居北京。中国作家协会会员，中国作家协会第六次、第七次全国代表大会代表。主要作品有长篇小说《闯黑道》《中关村进行曲》《封杀》等，散文集《爱心永存》，纪实文学《谁来撑起明天的中国》《让生活充满金色阳光》等。

Yuehua Liu

A graduate of the Chinese Department of Peking University, Yuehua Liu was Professor in Chinese at the Beijing Language and Culture University. In 1989, she continued her professional career in the United States and had taught Chinese at Wellesley College, MIT, and Harvard University for many years. Her research concentrated on modern Chinese grammar, especially grammar for teaching Chinese as a foreign language. Her major publications include *Practical Modern Chinese Grammar* (co-author), *Comprehensive Studies of Chinese Directional Complements*, and *Writings on Chinese Grammar* as well as the Chinese textbook series *Integrated Chinese* (chief editor) and the audio-video textbook set *Learning Advanced Colloquial Chinese from TV* (co-author).

Chengzhi Chu

Chu is associate professor and coordinator of the Chinese Language Program at the University of California, Davis, where he also serves on the Graduate Faculty of Linguistics. He is the former president of the Chinese Language Teachers Association, USA, and guest professor or honorable professor of several other universities. Chu received his Ph.D. from the University of Hawaii. He had taught at the Beijing Language and Culture University and Stanford University for many years before joining UC Davis.

Jinhai Wen

Graduated from Xiamen University and now living in Beijing, Wen is a professional Chinese writer. He is a member of the All-China Writers Association and was selected as a representative of the 6th and 7th China's Writers Congresses. His publications include the novels *Get into the Underworld*, *Zhongguancun March* and *Force-out*, prose collection *Love Forever*, and reportages *Who will Prop up China Tomorrow* and *Let the Life be Full of Sunshine*.

前　　言

　　学一种语言,只凭一套教科书,只靠课堂的时间,是远远不够的。因为记忆会不断地经受时间的冲刷,学过的会不断地遗忘。学外语的人,不是经常会因为记不住生词而苦恼吗？一个词学过了,很快就忘了,下次遇到了,只好查词典,这时你才知道已经学过。可是不久,你又遇到这个词,好像又是初次见面,你只好再查词典。查过之后,你会怨自己:脑子怎么这么差,这个词怎么老也记不住！其实,并不是你的脑子差,而是学过的东西时间久了,在你的脑子中变成了沉睡的记忆,要想不忘,就需要经常唤醒它,激活它。"汉语风"分级读物,就是为此而编写的。

　　为了"激活记忆",学外语的人都有自己的一套办法。比如有的人做生词卡,有的人做生词本,经常翻看复习。还有肯下苦功夫的人,干脆背词典,从A部第一个词背到Z部最后一个词。这种做法也许精神可嘉,但是不仅过程痛苦,效果也不一定理想。"汉语风"分级读物,是专业作家专门为"汉语风"写作的,每一本读物不仅涵盖相应等级的全部词汇、语法现象,而且故事有趣,情节吸引人。它使你在享受阅读愉悦的同时,轻松地达到了温故知新的目的。如果你在学习汉语的过程中,经常以"汉语风"为伴,相信你不仅不会为忘记学过的词汇、语法而烦恼,还会逐渐培养出汉语语感,使汉语在你的头脑中牢牢生根。

　　"汉语风"的部分读物出版前曾在华盛顿大学(西雅图)、范德堡大学和加州大学戴维斯分校的六十多位学生中试用。感谢这三所大学的毕念平老师、刘宪民老师和魏苹老师的热心组织和学生们的积极参与。夏威夷大学的姚道中教授、加州大学戴维斯分校的李宇以及博士生 Ann Kelleher 和 Nicole Richardson 对部分读物的初稿提供了一些很好的编辑意见,在此一并表示感谢。

Foreword

When it comes to learning a foreign language, relying on a set of textbooks or spending time in the classroom is not nearly enough. Memory is eroded by time; you keep forgetting what you have learned. Haven't we all been frustrated by our inability to remember new vocabulary? You learn a word and quickly forget it, so next time when you come across it you have to look it up in a dictionary. Only then do you realize that you used to know it, and you start to blame yourself, "why am I so forgetful?" when in fact, it's not your shaky memory that's at fault, but the fact that unless you review constantly, what you've learned quickly becomes dormant. The *Chinese Breeze* graded series is designed specially to help you remember what you've learned.

Everyone learning a second language has his or her way of jogging his or her memory. For example, some people make index cards or vocabulary notebooks so as to thumb through them frequently. Some simply try to go through dictionaries and try to memorize all the vocabulary items from A to Z. This spirit is laudable, but it is a painful process, and the results are far from sure. *Chinese Breeze* is a series of graded readers purposely written by professional authors. Each reader not only incorporates all the vocabulary and grammar specific to the grade but also contains an interesting and absorbing plot. They enable you to refresh and reinforce your knowledge and at the same time have a pleasurable time with the story. If you make *Chinese Breeze* a constant companion in your studies of Chinese, you won't have to worry about forgetting your vocabulary and grammar. You will also develop your feel for the language and root it firmly in your mind.

Thanks are due to Nyan-ping Bi, Xianmin Liu, and Ping Wei for arranging more than sixty students to field-test several of the readers in the *Chinese Breeze* series. Professor Tao-chung Yao at the University of Hawaii. Ms. Yu Li and Ph.D. students Ann Kelleher and Nicole Richardson of UC Davis provided very good editorial suggestions. We thank our colleagues, students, and friends for their support and assistance.

主要人物和地方名称
Main Characters and Main Places

方新 Fāng Xīn
A young man who is devoted to developing Chinese software

谢红 Xiè Hóng
Fang Xin's wife

小月 Xiǎoyuè
A girl who loves Fang Xin

钱贵 Qián Guì
Owner of a small business that trades computer products

中关村 Zhōngguāncūn: The most famous science park in Beijing, known as China's Silicon Valley
美国 Měiguó: America

文中所有专有名词下面有下画线,比如:方新、中关村
(All the proper nouns in the text are underlined, such as in 方新、中关村)

目　　录
Contents

生词表
Vocabulary list

练习
Exercises

练习答案
Answer keys to the exercises

1．谢红:我在美国等你

　　那是 1988 年 8 月 6 日。这一天，谢红要坐飞机去美国学习。那天北京的天气很热。方新和谢红很早就起来了。刚起床[1]，方新就帮谢红准备旅行的东西。谢红要带很多衣服，还有书什么的，很重。　　　　　　　　5

　　方新说:"带这么多东西，太重

---

1. 起床 qǐ chuáng: get up (get out of bed)

了，你能拿得动²吗？别太累了。"

谢红看起来³很高兴，说："拿得动²，这些东西到美国以后⁴都要用，不能不带。美国的东西太贵，到那里再买，要很多钱。现在多带一些去，到那边以后⁴就可以少买一些。马上就去美国了，我觉得很高兴，累一点儿没关系。"

方新知道，谢红非常想去美国。几年来⁵，她一有时间就看英文书，学习英文，准备到美国去学习、工作。现在真的⁶能去美国了，她怎么能不高兴呢？

吃饭的时候，谢红说："以前我已经跟你说过很多次，现在我马上就走了，还想再跟你说说。我走了以后⁴，你一定要多学英文，早一点儿参加 TOEFL 考试。我给你准备了几⁷本英文书，你多看看。我想要你早一点儿到美国来，我们早一点儿在美国见面！"

2. 拿得动 ná de dòng: can (have the strength to) carry
3. 看起来 kàn qilai: it looks as if...; seemingly
4. 以后 yǐhòu: after, later
5. 几年来 jǐ nián lái: since a few years ago
6. 真的 zhēnde: really, indeed
7. 几 jǐ: several, a few

方新没有说什么。他觉得，美国
是一个好地方，能去美国学习几⁷年，
可以学很多东西。但是，他现在不想
去，他有他的打算。

上大学的时候，方新学的是中文，　　5
谢红学的是电脑⁸。认识谢红以后⁴，他
看了很多电脑⁸书，很快就喜欢电脑⁸
了。但是那时候电脑⁸非常贵，中文软
件⁹也不多，很多软件⁹都是英文的，
中国人用起来¹⁰不方便。方新想：我　　10
能不能做一种大家喜欢用的中文软
件⁹？要是¹¹有一个很好的中文软件⁹，
大家方便用，那多好啊！做，一定要
做这个软件⁹！

那时候电脑⁸很贵，方新没有钱　　15
买，从1988年1月开始，每¹²个星期
六和星期天，他常常¹³到谢红工作的
大学，用大学里的电脑⁸做软件⁹。现
在这个软件⁹已经做完一半。方新想：
我一定要把软件⁹做完！他现在不想去　　20

8. 电脑 diànnǎo: computer
9. 软件 ruǎnjiàn: software programs
10. 用起来 yòng qilai: when using it (one will feel...)
11. 要是 yàoshi: if, suppose, in case
12. 每 měi: every, each
13. 常常 chángcháng: often, frequently

美国，也是因为这个。

他跟谢红说过他的打算，但是谢红说："做这个软件[9]，你能拿到[14]多少钱？我想不会很多。还是到美国去吧，在美国我们先做几[7]年学生，多学点儿东西，学完再找一个工作，一定比在中国过得好！"

两人吃了一点儿东西，吃完，方新就送谢红去机场[15]。

谢红马上要上飞机了，她看着方新，又说："到美国以后[4]，我马上给你打电话。你一定要听我的啊，马上开始准备考试，早点儿到美国来！我在美国等你！"

谢红说完就走了。方新远远地看着她上飞机，不知道她什么时候能回来，什么时候能再见到[16]她。

14. 拿到 nádào: get, obtain
15. 机场 jīchǎng: airport
16. 见到 jiàndào: see, meet

Want to check your understanding of this part?

Go to the questions on page 50.

2. 方新：去哪里找电脑[8]？

送走谢红，方新坐公共汽车回家，到家的时候已经是中午了。他想着他的软件[9]，可是家里没有电脑[8]，怎么做软件[9]？下午，他来到中关村，打算买一个电脑[8]。

"电脑[8]多少钱？"他去问了几[7]个人。

他们都说："最便宜的一万二，也有两万多的。"

"便宜点儿行吗？"

他们说："一万二是最便宜的，不能再便宜了。"

方新不说什么了。一个电脑[8]要一万二，太贵了！他工作一个月，能拿到[14]的钱只[17]有几[7]百块，不吃饭、不住房子，也买不了！

不能买电脑[8]，怎么做软件[9]？他想了想，打算请小月帮他。

17. 只 zhǐ: only, just, merely

方新和小月在同[18]一个大楼里工作。方新刚到北京的时候,有个朋友想介绍他和小月认识,还让他看了小月的照片。那个朋友对他说:"她觉得你不错,不知道你觉得她怎么样?你们见一下吧。"

一个星期天,方新来到公园和小月见面。他也觉得小月不错,长得[19]很高,很漂亮。但小月是北京人,这让方新觉得不太好。因为方新不是北京人,他来北京的时候,爸爸、妈妈、哥哥、姐姐都对他说:你找女朋友,别找北京人,还是找个家也在我们这里的,两人能常常[13]一起回家看一看。找一个北京人,她不能常常[13]跟你回来。方新觉得他们说得很对,所以想了又想,就没和小月做朋友。

过了几[7]个月,方新认识了谢红,谢红的家跟方新的家在同[18]一个地方,她长得[19]很好看,人也不错,方新很快就和她结婚[20]了。

5

10

15

20

---

18. 同 tóng: same
19. 长得 zhǎngde: grow to be
20. 结婚 jié hūn: get married

可是，不知道为什么，小月到现在还没有找男朋友，还是一个人。方新和她都在一个地方工作，两人有时候也能见面。

从中关村回来，方新给小月打电话，客气地说："小月你好！我是方新。我有点儿事想跟你说，电话里说不方便，请你到楼下来，好吗？过一会儿我在楼下等你。"

小月想了一会儿，说："好吧。"

打完电话，方新马上来到他们工作的大楼，在楼下等着。过了一会儿，从楼里走出一个漂亮的女孩子，她长得[19]很高，穿着一件红衣服，非常好看。她就是小月。

方新叫小月来到没人的地方，说："我想请你帮个忙，我知道你们那里有一些电脑[8]，你能不能借给我用一下？"

小月说："你想借走电脑[8]？那怎么行！电脑[8]谁都不能拿！"

方新马上说："我不是想拿走电脑[8]。我是想晚上到你们那里去，用一下你们的电脑[8]。我在做一个中文软件[9]。现在的电脑[8]软件[9]很多都是英文

的，大家用电脑⁸不方便，我想做一个
<u>中文软件</u>⁹，帮助²¹大家！但是我家没
有电脑⁸，我还没钱买。"

　　小月问："你以前在哪儿做的？用
谁的电脑⁸？"

5

21. 帮助 bāngzhù: help, assist

方新说：“以前我常去谢红她们大学，用大学里的电脑⁸，现在她去美国了，我再去那里不方便。”

小月又问了他的打算，说：“现在好的中文软件⁹不多，你想做中文软件⁹，是件好事。我应该帮你。但是，这里的电脑⁸是公司²²的，不是我的，我不能让你用。对不起啊！”

“是吗？那好吧，没关系……”方新觉得，小月一定是因为以前的事，不高兴，不想帮他。

小月看着方新，说：“我家里有个电脑⁸，那是我爸爸妈妈送我的生日礼物，今年刚买的，还很新，是一个很不错的电脑⁸。我可以借给你用。”

方新马上高兴起来：“是真的⁶吗？那太好了！”

小月说：“你家住在公园后边²³那个高楼吧？明天上午我把电脑⁸带来，送到你家。”

第二天上午，小月很早就送电脑⁸来了。看着漂亮的电脑⁸，方新非常高

22. 公司 gōngsī: company
23. 后边 hòubian: behind (in space or position), in the rear

兴。从这天开始，晚上回家以后[4]，他就坐到电脑[8]前，忙着做软件[9]，常常[13]忙到十二点多，有时候工作到一两点。

Want to check your understanding of this part?
Go to the questions on page 50–51.

3．小月：你去中关村，能做大事

谢红到美国以后[4]，很快就打电话给方新，高兴地说："我到了，到美国了！那天我先坐了十多个小时飞机，下飞机以后[4]，又坐了两个多小时汽车，到大学的时候已经是下午五点多。这个大学学生很多，有两万多，中国学生只[17]有八十多个。大学很大，也很漂亮，像公园一样。我住在学校[24]里边[25]，上课、上图书馆都很方便，买东西的地方也很近，房间[26]里还有电视。昨天我还去游泳了。现在我天天[27]都要上课，觉得有点儿累，但是我很快乐！"

电话打了很长时间，谢红说了很多美国的事。但是这以后[4]很多天，谢红没有再打电话来。

24. 学校 xuéxiào: school
25. 里边 lǐbian: in, inside; within
26. 房间 fángjiān: room
27. 天天 tiāntiān: every day, daily

过了半个多月，方新接到了谢红的信，信里说：

方新，

打电话太贵了，上一次打了一会儿，用了一百多块钱，太贵了！你快来美国吧，我们就不用打这么贵的电话了，那样²⁸多好。以后⁴我不能再给你打电话，我们还是写信吧，写信便宜一点儿。你英文学得怎么样了？一定要好好儿²⁹复习，早点儿参加考试。

1988年8月25日

谢红还寄来几⁷张照片，照片上的地方，有的是图书馆，有的是她上课的教室，还有她住的那个楼。照片上，谢红都很快乐。但是方新给谢红写信的时候，不知道应该怎么说。要是¹¹告诉谢红他在做软件⁹，没有学英文，她一定很不高兴。谢红刚到美国，到一个新的地方，一定也很难，他想让她快乐一点儿。

5

10

15

20

28. 那样 nàyàng: like that, in that way, so, such
29. 好好儿 hǎohāor: all out, earnestly, to one's heart's content

在信里，方新只[17]说他很想她，叫她在美国好好儿[29]学习。他没有告诉谢红他在做软件[9]。

方新想早点儿做完软件[9]，天天[27]晚上在电脑[8]前忙到一两点。

5 这几[7]个星期，小月常常[13]打电话问他：“软件[9]做得怎么样了？喂，不是一天两天就能做得好[30]的，别太累了，晚上早点儿睡觉，太晚睡觉身体会出问题的!”

10

---

30. 做得好 zuò de hǎo: finish, complete

这天晚上，方新在家里做软件⁹，小月来到了他家，她还带着一些东西。

"你吃饭没有？"走到房间²⁶里，小月问他。

"还没有。"方新说。　　　　　5

她又问："这几⁷天你在哪儿吃饭？"

方新告诉她说："谢红在家的时候，天天²⁷她做。她走了以后⁴，我一个人做得不多，就买一些东西吃。有　　10
的时候忘了买，就吃一点儿水果³¹。"

"这怎么行啊！这样身体一定会出问题！我给你带了一些饭菜来，你快吃吧。"

小月拿出她带的东西，方新一　　15
看，都是他喜欢吃的饭菜。他也不客气，很快就吃完了，高兴地说："我很长时间没吃到这么好的菜了，你做的菜真不错！"

小月又说："天气有一点儿冷了，　　20
你要多穿点儿衣服，别感冒了。"

方新说："我知道，我身体还行，很少感冒。"

31. 水果 shuǐguǒ: fruit

　　小<u>月</u>坐了一会儿，就走了。几⁷天后，她又做了一些饭和菜，送给<u>方新</u>，<u>方新</u>很喜欢，吃了很多。

　　就这样过了两个多月。这一天，<u>方新</u>给小<u>月</u>打电话，高兴地说："晚上你有时间吗？我的软件⁹做完了，想请你来看一下!"

　　小<u>月</u>听了，高兴地说："太好了，我一定去看看!"

　　下午五点半，<u>方新</u>刚到家，小<u>月</u>就来了。<u>方新</u>请她到电脑⁸前，看那个软件⁹。小<u>月</u>说："真不错，比我想的

5

10

还好！这是中文软件[9]，中国人用起来[10]很方便。我没想到[32]你在这么短的时间里，能做出[33]这样好的软件[9]，这个软件[9]真好，非常好！"她比方新还高兴。

方新说："我得谢谢你帮我。你不帮我，我一定做不出来。"

小月说："不要客气。你给大家做好事，我应该帮你。软件[9]做完了，你有什么打算？"

方新说："我还有很多事要做。我要让大家知道这个软件[9]，让大家来买这个软件[9]、用这个软件[9]！我想换个工作，准备去中关村！你觉得怎么样？我去中关村好不好？"

小月说："我觉得很好！人应该做他想做的事。你能做这么好的中文软件[9]，到中关村去，一定能做很多事，能做大事！可是……"

"可是什么？"方新问。

"可是谢红还在美国等着你呢，你们很长时间不在一起，也不好。"

32. 想到 xiǎngdào: bethink of; call to mind
33. 做出 zuòchū: make it, work out

　　方新看了看谢红的照片，不知道说什么好³⁴。是的，他很想谢红，可是他不想去美国，他知道谢红也不会回来。

Want to check your understanding of this part?
Go to the questions on page 51.

---

34. 不知道说什么好 bù zhīdào shuō shénme hǎo: don't know what to say

4. 钱贵:第一是钱，第二是钱，第三还是钱！

　　上午，方新坐公共汽车来到中关村，找一个叫钱贵的人。钱贵是谢红的同学，前几[7]年也在大学里做老师。几[7]个月前来中关村开了一家电脑[8]公司[22]。可是，方新很长时间没和他见面，不知道他在中关村什么地方，也不知道他的公司[22]的名字。

　　"你们这里有个叫钱贵的先生吗？你们知道他在哪里吗？"

　　他问了很多人。找了一个多小时，在一个小房子里找到了钱贵。

　　钱贵一看是他，很高兴:"啊，是方新！好久[35]不见，你怎么来了？来买电脑[8]吗？"

　　方新参观了一下他的公司[22]，说:"我不买电脑[8]。我做了一个中文软件[9]，想请你看一下有没有人买。"方新介绍了一下他的软件[9]。

5

10

15

35. 久 jiǔ: for a long time, long

钱贵看了一会儿，说："这个软件⁹是中文的，很不错，中国人用起来¹⁰会很方便！这样的软件⁹，应该有很多人喜欢。你有什么打算呢？要我怎么帮你？"

方新说："我想到中关村来，但是现在我的钱不多，不能开公司²²。你们公司²²要不要人？我能不能到你们这儿来？我想跟你们一起，好好儿²⁹做点儿事，让大家买我的软件⁹，用我的软件⁹！"

钱贵说："你想到中关村来，我很高兴。我们公司²²还很小，但是我们好好儿²⁹工作，公司²²一定会一年比一年好。现在是小公司²²，过几⁷年就会是一个大公司²²了！现在大家能拿到¹⁴的钱不多，过几⁷年一定会比现在好!"

方新听了觉得不错，就不在以前的地方工作，去中关村钱贵的公司了。 | 5

第二天，方新来到公司²²上班，钱贵对他说:"你到我们的公司²²来，我们就是一家人了。我们公司²²的人，一定要常常¹³想着一个字:钱! | 10
第一是钱，第二是钱，第三还是钱!在这里，看一个人工作得好不好，就看他能给公司²²拿回来多少钱。你好好儿²⁹工作吧，怎么做钱来得快，就怎么做!" | 15

方新听了，觉得有点儿不舒服。他想，不能因为钱就什么都做吧³⁶?

钱贵的公司²²很小，在这里工作的只¹⁷有四个人:方新、钱贵，还有两个是大学里的学生，一男一女。来这 | 20
里的客人也不多，有的人来这里看一看就走了，什么也不买³⁷。

36. 不能因为钱就什么都做吧 bù néng yīnwèi qián jiù shénme dōu zuò ba:
How can one be capable of anything for making money?
37. 什么也不买 shénme yě bù mǎi: don't want to buy anything

几⁷天以后⁴，小月打电话给方新，问："怎么样？买软件⁹的人多吗？"

5 方新说："不多，三四天了，就十多个人买。我看，想在中关村做事，也很难！"

小月说："刚开始一定有点儿难。慢慢地，知道的人多了，买的人一定会一天比一天多。"

Want to check your understanding of this part?
Go to the questions on page 52.

5．小月：买的人一定会比现在多

　　谢红又从美国给方新写信了。她在信里说：

方新：

　　昨天我打电话找你，接电话的人说，你已经不在那里工作了，说你到中关村去了。这么大的事，你为什么不告诉我？这几[7]个月你做了些什么？我叫你要好好儿[29]复习英文，准备考试，但是你一点儿也没有学[38]！你为什么要这样？你不想早点儿来美国？不想跟我在美国见面？你不爱[39]我了吗？我再跟你说一次，别去中关村了，马上开始学英文！

谢红

1988年12月5日

5
10
15

38. 一点儿也没有学 yìdiǎnr yě méiyǒu xué: didn't learn anything
39. 爱 ài: love

方新很快给谢红写信，说："对不起，我没把这件事告诉你。我喜欢新的工作，喜欢中关村，现在我不能去美国。我像以前一样爱[39]你。你学完以后[4]，早点儿回来吧。我们还是住在北京好。"

信很快寄走了。方新不知道谢红看了他的信，会怎么想，不知道她懂不懂他的意思。他等谢红回信，可是等了三个星期，她没有回信，等了一个多月，她还是没有回信。他不知道谢红为什么不回信，想打电话问谢红，可是打电话到美国太贵了，他想了想，没有打。

这天下午，方新接到小月的电话，小月问他："今天晚上你有时间吗？能不能到我这里来一下？我有几[7]个同学要来，他们想认识你。你来跟他们见个面吧。"

5

方新很长时间没见小月了，也想和她见面，就说："好，我一定来。"

晚上，他坐车来到小月工作的地方。这个时候已经是六点多，很多人早回家了，大楼里人很少。小月在三

10

楼，走到三楼，远远地方新就听到[40]有个女的在说："⋯⋯这是一个新的软件[9]，知道的人还不多。我用了几[7]个月，觉得非常好，很方便。我的电脑[8]里有这个软件[9]，请大家看一看⋯⋯"

15

方新一听，是小月！她在跟什么人介绍他的软件[9]？他跑到小月工作的房间[26]的门[41]前，看到她的房间[26]里有七八个人，有男的有女的，都是二十多岁。小月坐在电脑[8]前，给他们介绍软件[9]。看到方新，她忙说："啊，方新

20

来了！快来，大家等着你呢！"

方新走进去，小月介绍说："这就

---

40. 听到 tīngdào: hear
41. 门 mén: door, gate

是方新！这个软件[9]就是他做的！"大家都很高兴，说："您好！方新先生！"小月又对方新说："他们都是我的同学、朋友，知道我这里有个好软件[9]，都想来我这里看一看。今天我就把他们叫来了！"

5

她看了看大家，高兴地说："喂，大家有什么问题，就问方新吧！"

方新说："大家好！谢谢大家！"

10

一个女的问："听小月说，你在大学里学的不是电脑[8]。你为什么能做出[33]这样的软件[9]？"

方新说："我在大学不是学电脑[8]的，但是我喜欢电脑[8]，这几[7]年看过很多电脑[8]的书。我觉得玩儿电脑[8]、做软件[9]很有意思。"

一个男的说："刚才听了小月的介绍，觉得你的软件[9]很不错，我准备买一个。我还要告诉我的朋友们，叫他们也买。"

方新说："那太好了！谢谢你们！"

"谢谢你给我们做了一个好软件[9]！"大家对方新说。

他们在一起说得很快乐。半个小时以后[4]，有个男的说："时间不早了，我们先走吧。方新先生，很高兴认识您！再见！"

方新说："我也很高兴认识你们。大家慢走，再见！"

他们走后，方新问小月："你怎么想到[32]要跟他们介绍软件[9]？"

小月说："你的软件[9]很好，但是很多人还不知道。我帮你介绍介绍，给他们上一课。我告诉我的这些同学，他们再告诉他们认识的人。这样，不用很长时间，知道这个软件[9]的人就多了，买的人也就多了。"

方新说："小月，你帮我太多了！你还没吃饭吧？我们一起去吃，我请你！"

小月说："好啊。现在你的钱比我多，应该你请！"

两人就一起出去，找地方吃饭。

Want to check your understanding of this part?
Go to the questions on page 52–53.

6．方新：我不能在这里工作了

几[7]天后，小月的几[7]个同学来到中关村，找方新买了一些软件[9]。过了几[7]天，又有一些人来这里买软件[9]。来买软件[9]的人一天比一天多了。

有一天中午，一个二十多岁的女人来到他们公司[22]。方新客气地问："小姐，您想买什么？"

那个小姐说："我听我的同学说，你们这里的中文软件[9]不错，我想买一个，还想买个新电脑[8]。"

方新说："好啊，我想问一下，你为什么想买我的软件[9]？"

那个小姐说："我不懂电脑[8]，但是我很想学，我想买一个好用的软件[9]。"

钱贵听了，马上走过来，说："这个软件[9]非常好，买的人很多。你买了一定不会错！电脑[8]一个一万五，软件[9]一个五百，一共一万五千五。你先

5

10

15

给钱，下午我们就给你送电脑[8]。"

那个小姐说："我住得很远，你们
能送吗？"

钱贵说："送！送到你家！"

5 小姐很高兴，马上拿出钱，说：
"你们对客人这么好，你们真好啊。"

那个小姐走后，钱贵拿着钱，
说："太好了，又给我们送钱来了！"

下午，他拿出一个电脑[8]，准备
10 给那个小姐送去。方新过来一看，觉
得不对，说："为什么给她这样的电
脑[8]？一万五的电脑[8]，不是这一种。

你拿错了吧？这是九千的那种。"

　　钱贵说："怎么了？我没有拿错，就给她这种。你没听她说吗？她不懂电脑[8]，给她哪种电脑[8]，她也不懂。给她便宜的，她不会知道。"

5

　　方新说："她不懂，我们就给她不好的东西？不能这样！快换一万五的，应该给她哪一种就给她哪一种，我们不能对不起她。别人[42]知道了，以后[4]谁还来买我们的东西？"

10

　　钱贵不高兴了，说："方新先生，我们为什么来中关村？还不是因为一个'钱'字！我知道这个电脑[8]不太好，但给她这个电脑[8]，我们能拿到[14]的钱多！电脑[8]有什么问题，让她拿回来换不就行了？"

15

　　他不听方新的话[43]，很快给那个小姐送电脑[8]去了。

　　这件事让方新很不高兴，他觉得很对不起那个小姐。晚上回家后，他给小月打了个电话，说："钱贵太爱[39]钱了！因为钱，他可以做对不起别人[42]的事。做人怎么能这样？我不想

20

42. 别人 biérén: other people
43.（说）话 (shuō) huà: words, speech

在他那里工作了，想换个地方。但是去哪儿，做什么，还没想好⁴⁴。"

小月说："你说得对！大家都喜欢钱，但不能因为钱就做不好的事，就做坏事。我也觉得你不能再跟他一起工作。他这么做，会出大事。这几⁷个月，很多人用了你的软件⁹，都说不错，但是也有一些不太好的地方。我想，你先把软件⁹做得好一些，过几⁷

44. 想好 xiǎnghǎo: well-considered, decided

个月也开个公司²²。"

　　方新觉得，小月说的和他想的一样。

　　第二天，方新来到公司²²，对钱贵说："我来公司²²这么长时间，你对我很不错，谢谢你！可是，我现在有了新的打算，不能在你这里工作了，很对不起！"

　　钱贵说："你要走？你真要走，我不能不让你走。你别忘了，走到哪里，我们都是朋友。有什么事要我帮忙，就打电话给我。"

5

10

Want to check your understanding of this part?
Go to the questions on page 53.

7. 谢红：我们不能这样了

从<u>中关村</u>回来后，<u>方新</u>天天[27]在家，上午一起来，吃点儿东西，就<u>坐到电脑</u>[8]<u>前做软件</u>[9]。累了，就听一会儿音乐。

这一天，他接到谢红从美国寄来的信，他很高兴，因为谢红已经很长时间没来信了，他很想她，不知道她在美国怎么样。谢红在信里说：

方新：

　　我很长时间没给你写信了。这几[7]天，我天天[27]都在想我们的事，想得很多很多。你这人很好，想到中关村做你喜欢的事，这没有错。以前我叫你不要去中关村，现在想这是不对的，我不应该不让你去。谁都想做他喜欢的事，对不对？我呢，以前上了四年大学，但我觉得学的东西还不多，我想在美国多学点儿东西。我想，这也没有错。我们都没什么错。

　　问题是，你有你的打算，我也有我的打算。你不想到美国来，我又不想马上回中国。我不能帮你，你也不能帮我。你常常[13]在电脑[8]前坐好几[7]个小时，忘了喝水，忘了吃饭。家里没有一个女人来帮你，你的身体很快就会出问题的。所以，我们长时间不在一起，对你对我都不好，我们不能这

5

10

15

20

样了。我想，我们还是离婚⁴⁵吧。

你以前说过，我是你认识的最好的女人。现在我想对你说，好女人很多，哪儿都有。离婚⁴⁵后，你可以找
5 一个比我好的女人；可以好好儿²⁹做你想做的事。我呢，也在这里好好儿²⁹学习。我们还是好朋友，你有什么事要我帮的，一定要告诉我。

我还想对你说：这几⁷年跟你在一
10 起，我过得很快乐，谢谢你……

谢红

1989年3月20日

看着谢红的信，方新非常不高兴。他马上给谢红打电话，问："为什
15 么要离婚⁴⁵？我们能不能不这样？"

谢红说："我也不想这样。但是你不想到美国来，我们长时间不在一起，对你很不好。离婚⁴⁵对我们两个人都好……"

45. 离婚 lí hūn: divorce

那时候从<u>北京</u>打电话到<u>美国</u>非常贵，他们说话的时间不能太长。

打完电话，<u>方新</u>一个人来到公园，走了两个多小时。他拿出<u>谢红</u>的照片，看了又看。那天，送<u>谢红</u>上飞机的时候，他怎么也没想到[32]，他们会这样。但是，想了很久[35]，他觉得，<u>谢红</u>说得也对。

两个星期后，<u>方新</u>和<u>谢红</u>离婚[45]了。

离婚[45]以后[4]，<u>方新</u>哪儿也没去[46]，天天[27]在房间[26]里看书、写软件[9]。慢慢地，他觉得房子里有什么地方不太对。什么地方不对？<u>小月</u>很久[35]没有来了！

5

Want to check your understanding of this part?
Go to the questions on page 54.

46. 哪儿也没去 nǎr yě méi qù: didn't go anywhere

8．方新：这是我最快乐的一天

　　方新<u>离婚</u>[45]后，<u>小月</u>再也没有来过他家，也没给他打过电话。<u>方新</u>想，她怎么电话也不打一个？跟以前不一样啊。以前，她两三天就会给他打电话，有时候一天打几[7]次，一会儿问他买<u>软件</u>[9]的人多不多，一会儿问他要不要她帮着做什么。但是<u>方新离婚</u>[45]后，好几个星期了[47]，她一个电话也没有[48]！

　　开始的时候，<u>方新</u>还在想着<u>谢红</u>，想着他的<u>软件</u>[9]，没有多想这个问题。时间长了，他觉得不太对，觉得这里有点儿什么事，有点儿问题。慢慢地，他知道了：他是在想<u>小月</u>，一天比一天想。他觉得他已经喜欢上<u>小月</u>了！

　　这天下午，他给<u>小月</u>打了一个电

5

10

15

---

47. 好几个星期了 hǎojǐ ge xīngqī le: for weeks (It has been several weeks.)
48. 她一个电话也没有 tā yí ge diànhuà yě méiyǒu: She didn't make even one phone call!

话,"小月,你好,你是不是很忙?"

"忙?有一点儿吧。有什么事儿吗?"这一次,小月跟以前打电话的时候不一样,她没有问方新好不好,也没有问他的软件⁹。

"好长时间没见你。晚上你有时间吗?我们一起吃饭,好吗?"方新说。

小月非常客气:"啊,对不起,我有事,不能去……"

"是吗?"方新说,"你有什么事?要我帮你吗?"

小月说:"啊……不,不用了……我弟弟病⁴⁹了,我带他去看病⁴⁹,买一点儿药……"

"那好吧,哪天你有时间,请给我来个电话,我们一起吃饭。我请你!"

小月说:"不客气,等有时间再说吧。"

方新等着小月的电话。等了四五天,她还是一个电话也没有。他又给小月打电话,问她:"还忙吗?几号有

---

49. 病 bìng: be sick; illness

时间?"

　　小月说:"不客气,你的事这么多,就别吃饭了吧。我也有事。"

　　方新问:"你怎么这么忙?你有什么事?"

　　小月说:"啊,也没什么,想事啊。"

　　方新问:"想什么事?"

　　小月说:"想……想一个人。"

　　方新马上又问:"想谁?是男的

5

10

吗?"

　　小月说:"是男的,怎么了?"

　　方新说:"没什么。小月,你有男朋友了?"

5　　小月想了想,"不知道啊……现在不好说……"

　　小月有男朋友了! 她这么长时间没给他打电话,就是因为这个!

　　方新觉得天冷了很多。晚上,他10很晚都没有睡觉。他很想小月,非常想,他觉得小月就是他爱³⁹着的人。但是小月已经有男朋友了。他应该怎么做? 想了一会儿,他觉得一定要和小月见面,把想说的跟她说说。

15　　第二天下午,他又给小月打电话,对她说:"小月,请你今天晚上到我这里来一下,一定要来,我有事找你!"

　　小月问:"什么事啊? 电话里说不20就行了!"

　　方新说:"电话里不好说,你一定要来,我等着你!"

　　小月没有说"行"。但是方新觉得,这次她应该会来。

　　晚上，方新很早就做好⁵⁰了饭，等着小月来。六点多，小月来了，她穿着一件长衣服，非常漂亮。两人见面，方新看着她，她也看着方新，都没有说什么。　　　　　　　　　5

　　过了一会儿，方新说："我不知道你是不是有了男朋友，但是我想跟你说，我太想你了，你再不来，我就准备去找你！你有男朋友了吗？他是谁？"　　　　　　　　　　　　10

　　小月说："我没说我有男朋友啊，那是你说的。"

50. 做好 zuòhǎo: do it well

方新说:"你说你想一个人,还是个男的,他是谁?"

小月看着他,没有说什么。

方新也看着她。慢慢地,他知道了,小月说的那个人,就是他!

5 他问:"小月,为什么几[7]次请你,你都不来?"

小月说:"我想让你一个人想一想,是不是真的[6]想我,是不是真的[6]喜欢我。我呢,也要想一想。"

10 方新马上又高兴起来,"小月,你也在想着我,这太好了!我喜欢你,我爱[39]你!我想跟你结婚[20],我们结婚[20]吧!"

15 小月看着他,"你不是不想找北京人吗?"

方新说:"那是以前的事,不要说了。现在我知道了,哪儿的人没关系,问题是两个人想的要一样,能想到[32]一起、说到一起!跟我结婚[20]吧,好吗?"

20 小月想了想,说:"这几[7]天我也想了很多。我也喜欢你,也想你……"

方新非常高兴,"小月,谢谢你!

今天是我最快乐的一天！"

　　过了一会儿，小月又说："你和谢红怎么会离婚[45]呢？她比我漂亮，很多地方都比我好，你们不应该离婚[45]。"

　　方新说："离婚[45]的事是她先说的。你知道，她在美国不想回来，可是我又不想去美国。"

　　小月说："你说得也对。可是你不能因为离婚[45]了，就说她这里不好那里不好。什么时候她回中国来了，我们一起吃饭，见一见。你们离婚[45]了，但还可以做朋友。"

　　方新说："小月，你这样想，太好了！"

　　过了一个月，方新和小月结婚[20]了。又过了一些天，方新新的软件[9]也写完了。新软件[9]比以前那个好得多、方便得多。

　　方新打算再回中关村，他要开一个他的公司[22]，做他想做、喜欢做的事。

Want to check your understanding of this part?
Go to the questions on page 54.

To check your global understanding of this reader,
go to the questions on page 55.

生词表
Vocabulary list

1	起床	qǐ chuáng	get up (get out of bed)
2	拿得动	ná de dòng	can (have the strength to) carry
3	看起来	kàn qilai	it looks as if...; seemingly
4	以后	yǐhòu	after, later
5	几年来	jǐ nián lái	since a few years ago
6	真的	zhēnde	really, indeed
7	几	jǐ	several, a few
8	电脑	diànnǎo	computer
9	软件	ruǎnjiàn	software programs
10	用起来	yòng qilai	when using it (, one will feel...)
11	要是	yàoshi	if, suppose, in case
12	每	měi	every, each
13	常常	chángcháng	often, frequently
14	拿到	nádào	get, obtain
15	机场	jīchǎng	airport
16	见到	jiàndào	see, meet
17	只	zhǐ	only, just, merely
18	同	tóng	same
19	长得	zhǎngde	grow to be
20	结婚	jié hūn	get married
21	帮助	bāngzhù	help, assist
22	公司	gōngsī	company
23	后边	hòubian	behind (in space or position), in the rear
24	学校	xuéxiào	school
25	里边	lǐbian	in, inside; within

26	房间	fángjiān	room
27	天天	tiāntiān	every day, daily
28	那样	nàyàng	like that, in that way, so, such
29	好好儿	hǎohāor	all out, earnestly, to one's heart's content
30	做得好	zuò de hǎo	finish, complete
31	水果	shuǐguǒ	fruit
32	想到	xiǎngdào	bethink of; call to mind
33	做出	zuòchū	make it, work out
34	不知道说什么好	bù zhīdào shuō shénme hǎo	don't know what to say
35	久	jiǔ	for a long time, long
36	不能因为钱就什么都做吧	bù néng yīnwèi qián jiù shénme dōu zuò ba	How can one be capable of anything for making money?
37	什么也不买	shénme yě bù mǎi	don't want to buy anything
38	一点儿也没有学	yìdiǎnr yě méiyǒu xué	didn't learn anything
39	爱	ài	love
40	听到	tīngdào	hear
41	门	mén	door, gate
42	别人	biérén	other people
43	(说)话	(shuō) huà	words, speech
44	想好	xiǎnghǎo	well-considered, decided
45	离婚	lí hūn	divorce
46	哪儿也没去	nǎr yě méi qù	didn't go anywhere
47	好几个星期了	hǎojǐ ge xīngqī le	for weeks (It has been several weeks.)

48	她一个	tā yí ge	She didn't make even one phone call!
	电话也没有	diànhuà yě méiyǒu	
49	病	bìng	be sick; illness
50	做好	zuòhǎo	do it well

练　习

Exercises

1. 谢红：我在美国等你

   根据故事选择正确答案 Select the correct answer for each of the questions.

   （1）a. 谢红1988年去美国学习了。

   　　b. 谢红2008年去美国学习了。　　　　　　　　（　　　）

   （2）a. 谢红带很多东西去美国，因为她很高兴。

   　　b. 谢红带很多东西去美国，因为美国的东西很贵。（　　　）

   （3）a. 谢红让方新马上去美国。

   　　b. 谢红让方新早一点儿参加TOEFL考试。　　　（　　　）

   （4）a. 谢红在大学学电脑[8]。

   　　b. 方新在大学学电脑[8]。　　　　　　　　　　（　　　）

   （5）a. 方新想做一个中文软件[9]，因为英文软件[9]很贵。

   　　b. 方新想做一个中文软件[9]，因为英文软件[9]中国人

   　　　用起来[10]不方便。　　　　　　　　　　　　（　　　）

   （6）a. 谢红说做中文软件[9]拿的钱不会很多。

   　　b. 方新觉得做中文软件[9]拿的钱很多。　　　　（　　　）

2. 方新：去哪里找电脑[8]？

   根据故事选择正确答案 Select the correct answer for each of the questions.

   （1）a. 1988年方新觉得买一个电脑[8]很便宜。

   　　b. 1988年方新觉得买一个电脑[8]很贵。　　　　（　　　）

（2）a. 小月是方新的女朋友。

b. 方新的朋友以前介绍方新认识了小月。　（　　）

（3）a. 方新不想做小月的男朋友，因为小月是北京人。

b. 方新不想做小月的男朋友，因为小月太漂亮了。（　　）

（4）a. 谢红是北京人。

b. 谢红和方新的家在同[18]一个地方。　（　　）

（5）a. 方新以前用谢红大学的电脑[8]做中文软件[9]。

b. 方新以前用谢红的电脑[8]做中文软件[9]。　（　　）

（6）a. 小月把自己的电脑[8]借给方新做中文软件[9]。

b. 小月把电脑公司[22]的电脑[8]借给方新做中文软件[9]。

（　　）

3. 小月：你去中关村，能做大事

下面的说法哪个对哪个不对？ Mark the correct statements with "T" and the incorrect ones with "F".

（1）谢红觉得美国的大学很好，她很快乐。　（　　）

（2）谢红去美国坐了二十多个小时的飞机。　（　　）

（3）方新告诉谢红他正在做中文软件[9]。　（　　）

（4）方新做软件[9]很忙，常常[13]不做饭，买一些东西吃。（　　）

（5）方新两个多月就做完了中文软件[9]。　（　　）

（6）小月介绍方新去中关村工作。　（　　）

（7）方新现在不想谢红，也不想去美国。　（　　）

4. 钱贵:第一是钱,第二是钱,第三还是钱!

根据故事选择正确答案 Select the correct answer for each of the questions.

(1) a. 方新去找钱贵,因为他是方新的同学。

b. 方新去找钱贵,因为钱贵在中关村开了一家公司²²。

( )

(2) a. 钱贵说方新现在来他的公司²²,可以拿很多钱。

b. 钱贵说方新现在来他的公司²²,不能拿很多钱。 ( )

(3) a. 钱贵的公司²²只¹⁷有四个人工作。

b. 钱贵的公司²²工作的人很多。 ( )

(4) a. 方新到中关村工作以后⁴,很多人买他的中文软件⁹。

b. 方新到中关村工作以后⁴,买他的中文软件⁹的人很少。

( )

5. 小月:买的人一定会比现在多

根据故事选择正确答案 Select the correct answer for each of the questions.

(1) a. 方新没有告诉谢红他去中关村工作的事。

b. 方新告诉了谢红他去中关村工作的事。 ( )

(2) a. 方新告诉谢红他像以前一样爱³⁹她。

b. 方新告诉谢红他不爱³⁹她了。 ( )

(3) a. 小月在家里向她的朋友介绍方新的中文软件⁹。

b. 小月在工作的地方向她的朋友介绍方新的中文软件⁹。

( )

(4) a. 小月的同学和朋友都买了方新的中文软件[9]。

    b. 我们只[17]知道有一个男的准备买方新的中文软件[9]。

                                                  (   )

(5) a. 小月说现在知道方新的软件[9]的人很少，所以买的人很少。

    b. 小月说现在没有人知道方新的中文软件[9]。   (   )

(6) a. 这一天小月请方新吃饭。

    b. 这一天方新请小月吃饭。   (   )

6. 方新：我不能在这里工作了

下面的说法哪个对哪个不对？ Mark the correct statements with "T" and the incorrect ones with "F".

(1) 一个小姐到钱贵的公司[22]只[17]买了方新的中文软件[9]。

                                             (   )

(2) 那个小姐给了一万五千块钱，可是钱贵给她九

    千块钱的电脑[8]。   (   )

(3) 方新觉得不能为了钱做对不起人的事。   (   )

(4) 方新觉得钱贵太爱[39]钱，做了对不起人的事，所以

    他不能在那儿工作了。   (   )

(5) 小月说方新可以把软件[9]做得更好一些。 (   )

(6) 钱贵对方新说："我不让你走。你走了，我们就

    不是朋友了。"   (   )

7. 谢红：我们不能这样了

下面的说法哪个对哪个不对？Mark the correct statements with "T" and the incorrect ones with "F".

(1) 有一天谢红从美国来信了，方新很高兴。 （　　）

(2) 谢红说方新不应该做中文软件[9]。 （　　）

(3) 谢红说她去美国没有错。 （　　）

(4) 谢红说方新家里应该有一个女人，所以他们应该离婚[45]。

（　　）

(5) 方新看了信以后[4]很高兴，因为他想离婚[45]。 （　　）

(6) 两个月以后[4]，他们离婚[45]了。 （　　）

8. 方新：这是我最快乐的一天

下面的说法哪个对哪个不对？Mark the correct statements with "T" and the incorrect ones with "F".

(1) 方新离婚[45]后，小月常常[13]去方新家，常常[13]给方新打电话[43]。

（　　）

(2) 小月以前常常[13]给方新打电话[43]。 （　　）

(3) 方新觉得他已经喜欢上小月了。 （　　）

(4) 小月不喜欢方新，所以不给方新打电话[43]。 （　　）

(5) 小月说她有男朋友了。 （　　）

(6) 小月想的人就是方新。 （　　）

(7) 方新不想跟小月结婚[20]。 （　　）

(8) 小月说，方新跟谢红离婚[45]以后[4]不能再做朋友。 （　　）

(9) 方新说："小月，谢谢你！今天是我最快乐的一天！"

所以我们知道方新最喜欢小月。 （　　）

综合理解 Global understanding

下面的话⁴³有的说得不对，请找出来，并且改正。 Can you find out the mistakes in the following passage and correct them?

去年谢红去美国学习，她叫方新好好儿²⁹学英语，马上考TOEFL，去美国找她。

方新在大学学的是电脑⁸，想做一个中文软件⁹，因为英文软件⁹太贵。所以谢红去美国以后⁴，他没学英文，准备先做完中文软件⁹。

谢红到了美国以后⁴给方新打电话⁴³，说美国的大学很大，有三万多学生，没有中国学生。她叫方新快一点儿去美国。

方新以前用谢红的电脑⁸做软件⁹，谢红走了，他跟小月去借。小月把她自己的电脑⁸借给了方新。小月是方新以前的女朋友，她喜欢方新，所以想帮他。

方新一个多月以后⁴做完了中文软件⁹，去中关村找钱贵。钱贵是他的同学。在中关村，方新的的软件⁹卖得不多，小月就介绍她的同学和朋友买方新的软件⁹。后来买的人还是不多。

钱贵因为钱做对不起人的事，方新就离开了钱贵，他要去别的公司²²工作。

谢红来信说她去美国错了，方新做软件⁹也错了，方新家里应该有一个女人。谢红和方新就离婚⁴⁵了。

有一天，方新说他喜欢小月，小月也说她喜欢方新。小月说："今天是我最高兴的一天。"

方新的软件⁹做得更好了，后来他和小月结婚²⁰了。

练习答案

Answer keys to the exercises

1. 谢红：我在美国等你

    (1) a (2) b (3) b (4) a (5) b (6) a

2. 方新：去哪里找电脑[8]？

    (1) b (2) b (3) a (4) b (5) a (6) a

3. 小月：你去中关村，能做大事

    (1) T (2) F (3) F (4) T (5) T (6) F (7) F

4. 钱贵：第一是钱，第二是钱，第三还是钱！

    (1) b (2) b (3) a (4) b

5. 小月：买的人一定会比现在多

    (1) a (2) a (3) b (4) b (5) a (6) b

6. 方新：我不能在这里工作了

    (1) F (2) T (3) T (4) T (5) T (6) F

7. 谢红：我们不能这样了

(1) T (2) F (3) T (4) T

(5) F (6) F

8. 方新：这是我最快乐的一天

(1) F (2) T (3) T (4) F (5) F

(6) T (7) F (8) F (9) T

综合理解 Global understanding

去年(1988年)谢红去美国学习,她叫方新好好儿[29]学英语,马上(早一点儿)考 TOEFL,去美国找她。

方新在大学学的是电脑[8](中文),想做一个中文软件[9],因为英文软件[9]太贵(中国人用起来[10]不方便)。所以谢红去美国以后[4],他没学英文,准备先做完中文软件[9]。

谢红到了美国以后[4]给方新打电话[43],说美国的大学很大,有三(两)万多学生,没有(只[17]有八十多个)中国学生。她叫方新快一点儿去美国。

方新以前用谢红(学校[24])的电脑[8]做软件[9],谢红走了,他跟小月去借。小月把她自己的电脑[8]借给了方新。小月是方新以前的女朋友(认识方新),她喜欢方新,所以想帮他。

方新一(两)个多月以后[4]做完了中文软件[9],去中关村找钱贵。钱贵是他(谢红)的同学。在中关村,方新的的软件[9]卖得不多,小月就介绍她的同学和朋友买方新的软件[9]。后来买的人还是不多(一天比一天多了)。

钱贵因为钱做对不起人的事,方新就离开了钱贵,他要去别的公司[22]工作(回家把软件[9]做得更好)。

谢红来信说她去美国错了(没有错),方新做软件[9]也错了(没有错),方新家里应该有一个女人。谢红和方新就离婚[45]了。

有一天,方新说他喜欢小月,小月也说她喜欢方新。小月(方新)说:"今天是我最高兴的一天。"

方新的软件[9]做得更好了,后来他和小月结婚了。

为所有中文学习者(包括华裔子弟)编写的
第一套系列化、成规模、原创性的大型分级轻松泛读丛书

"汉语风"(*Chinese Breeze*)分级系列读物简介

"汉语风"(*Chinese Breeze*)是一套大型中文分级泛读系列丛书。这套丛书以"学习者通过轻松、广泛的阅读提高语言的熟练程度,培养语感,增强对中文的兴趣和学习自信心"为基本理念,根据难度分为8个等级,每一级6—8册,共近60册,每册8,000至30,000字。丛书的读者对象为中文水平从初级(大致掌握300个常用词)一直到高级(掌握3,000—4,500个常用词)的大学生和中学生(包括修美国AP课程的学生),以及其他中文学习者。

"汉语风"分级读物在设计和创作上有以下九个主要特点:

一、等级完备,方便选择。精心设计的8个语言等级,能满足不同程度的中文学习者的需要,使他们都能找到适合自己语言水平的读物。8个等级的读物所使用的基本词汇数目如下:

第1级:300基本词	第5级:1,500基本词
第2级:500基本词	第6级:2,100基本词
第3级:750基本词	第7级:3,000基本词
第4级:1,100基本词	第8级:4,500基本词

为了选择适合自己的读物,读者可以先看看读物封底的故事介绍,如果能读懂大意,说明有能力读那本读物。如果读不懂,说明那本读物对你太难,应选择低一级的。读懂故事介绍以后,再看一下书后的生词总表,如果大部分生词都认识,说明那本读物对你太容易,应试着阅读更高一级的读物。

二、题材广泛,随意选读。丛书的内容和话题是青少年学生所喜欢的侦探历险、情感恋爱、社会风情、传记写实、科幻恐怖、神话传说等等。学习者可以根据自己的兴趣爱好进行选择,享受阅读的乐趣。

三、词汇实用,反复重现。各等级读物所选用的基础词语是该等级的学习者在中文交际中最需要最常用的。为研制"汉语风"各等级的基础词

表，"汉语风"工程首先建立了两个语料库：一个是大规模的当代中文书面语和口语语料库，一个是以世界上不同地区有代表性的40余套中文教材为基础的教材语言库。然后根据不同的交际语域和使用语体对语料样本进行分层标注，再根据语言学习的基本阶程对语料样本分别进行分层统计和综合统计，最后得出符合不同学习阶程需要的不同的词汇使用度表，以此作为"汉语风"等级词表的基础。此外，"汉语风"等级词表还参考了美国、英国等国和中国大陆、台湾、香港等地所建的10余个当代中文语料库的词语统计结果。以全新的理念和方法研制的"汉语风"分级基础词表，力求既具有较高的交际实用性，也能与学生所用的教材保持高度的相关性。此外，"汉语风"的各级基础词语在读物中都通过不同的语境反复出现，以巩固记忆，促进语言的学习。

四、易读易懂，生词率低。"汉语风"严格控制读物的词汇分布、语法难度、情节开展和文化负荷，使读物易读易懂。在较初级的读物中，生词的密度严格控制在不构成理解障碍的1.5%到2%之间，而且每个生词（本级基础词语之外的词）在一本读物中初次出现的当页用脚注做出简明注释，并在以后每次出现时都用相同的索引序号进行通篇索引，篇末还附有生词总索引，以方便学生查找，帮助理解。

五、作家原创，情节有趣。"汉语风"的故事以原创作品为主，多数读物由专业作家为本套丛书专门创作。各篇读物力求故事新颖有趣，情节符合中文学习者的阅读兴趣。丛书中也包括少量改写的作品，改写也由专业作家进行，改写的原作一般都特点鲜明、故事性强，通过改写降低语言难度，使之适合该等级读者阅读。

六、语言自然，地道有味。读物以真实自然的语言写作，不仅避免了一般中文教材语言的枯燥和"教师腔"，还力求鲜活地道。

七、插图丰富，版式清新。读物在文本中配有丰富的、与情节内容自然融合的插图，既帮助理解，也刺激阅读。读物的版式设计清新大方，富有情趣。

八、练习形式多样，附有习题答案。读物设计了不同形式的练习以促进学习者对读物的多层次理解；所有习题都在书后附有答案，以方便查对，利于学习。

九、配有录音，两种语速选择。各册读物所附的故事录音（MP3格式），有正常语速和慢速两种语速选择，学习者可以通过听的方式轻松学习、享受听故事的愉悦。故事录音可通过扫描封底的二维码获得，也可通过网址http://www.pup.cn/dl/newsmore.cfm?sSnom=d203下载。

ABOUT *Hànyǔ Fēng* (*Chinese Breeze*)

Hànyǔ Fēng (*Chinese Breeze*) is a large and innovative Chinese graded reader series which offers nearly 60 titles of enjoyable stories at eight language levels. It is designed for college and secondary school Chinese language learners from beginning to advanced levels (including AP Chinese students), offering them a new opportunity to read for pleasure and simultaneously developing real fluency, building confidence, and increasing motivation for Chinese learning. *Hànyǔ Fēng* has the following main features:

☆ Eight carefully graded levels increasing from 8,000 to 30,000 characters in length to suit the reading competence of first through fourth-year Chinese students:

Level 1: 300 base words	Level 5: 1,500 base words
Level 2: 500 base words	Level 6: 2,100 base words
Level 3: 750 base words	Level 7: 3,000 base words
Level 4: 1,100 base words	Level 8: 4,500 base words

To check if a reader is at one's reading level, a learner can first try to read the introduction of the story on the back cover. If the introduction is comprehensible, the leaner will be able to understand the story. Otherwise the learner should start from a lower level reader. To check whether a reader is too easy, the learner can skim the Vocabulary (new words) Index at the end of the text. If most of the words on the new word list are familiar to the learner, then she/ he should try a higher level reader.

☆ Wide choice of topics, including detective, adventure, romance, fantasy, science fiction, society, biography, mythology, horror, etc. to meet the diverse interests of both adult and young adult learners.

☆ Careful selection of the most useful vocabulary for real life communication in modern standard Chinese. The base vocabulary used for writing each level was generated from sophisticated computational analyses of very large written and spoken Chinese corpora as well as a language databank of over 40 commonly used or representative Chinese textbooks in different countries.

☆ Controlled distribution of vocabulary and grammar as well as the deployment of story plots and cultural references for easy reading and efficient learning, and highly recycled base words in various contexts at each level to maximize language development.

☆ Easy to understand, low new word density, and convenient new word glosses and indexes. In lower level readers, new word density is strictly limited to 1.5% to 2%. All new words are conveniently glossed with footnotes upon first appearance and also fully indexed throughout the texts as well as at the end of the text.

☆ Mostly original stories providing fresh and exciting material for Chinese learners (and even native Chinese speakers).

☆ Authentic and engaging language crafted by professional writers teamed with pedagogical experts.

☆ Fully illustrated texts with appealing layouts that facilitate understanding and increase enjoyment.

☆ Including a variety of activities to stimulate students' interaction with the text and answer keys to help check for detailed and global understanding.

☆ Audio files in MP3 format with two speed choices (normal and slow) accompanying each title for convenient auditory learning. Scan the QR code on the backcover, or visit the website http://www.pup.cn/dl/newsmore.cfm?sSnom=d203 to download the audio files.

"汉语风"系列读物其他分册
Other *Chinese Breeze* titles

"汉语风"全套共8级近60册,自2007年11月起由北京大学出版社陆续出版。下面是已经出版或近期即将出版的各册书目。请访问北京大学出版社网站(www.pup.cn)关注最新的出版动态。

Hànyǔ Fēng (*Chinese Breeze*) series consists of nearly 60 titles at eight language levels. They have been published in succession since November 2007 by Peking University Press. For most recently released titles, please visit the Peking University Press website at www.pup.cn.

第1级:300词级
Level 1：300 Word Level

错,错,错!
Wrong, Wrong, Wrong!

6月8号,北京。一个漂亮的小姐在家里死(sǐ: die)了,她身上有一封信,说:"我太累了,我走了。"下面写的名字是"林双双"。双双有一个妹妹叫对对,两人太像了,别人都不知道哪个是姐姐,哪个是妹妹……死(sǐ: die)了的小姐是双双,对对到哪里去了? 死(sǐ: die)了的小姐是对对,为什么信上写的是"林双双"?

June 8, Beijing. A pretty girl lies dead on the floor of her luxury home. A slip of paper found on her body reads, "I'm tired. Let me leave..."At the bottom of the slip is a signature: Lin Shuangshuang.

Shuangshuang has a twin-sister called Duidui. The two girls look so similar that others can hardly tell who's who. Is the one who died really Shuangshuang? Then where is Duidui? If the one who died is Duidui as someone claimed, then why is the signature on the slip Lin Shuangshuang?

两个想上天的孩子
Two Children Seeking the Joy Bridge

"叔叔,在哪里买飞机票?"

"小朋友,你们为什么来买飞机票? 要去旅行吗?"

"不是。""我们要到天上去。"

……

这两个要买飞机票的孩子,一个7岁,一个8岁。没有人知道,他们为什么想上天。这两个孩子也不知道,在他们出来以后,有人给他们的家里打电话,让他们的爸爸妈妈拿钱去换他们呢……

"Sir, where is the air-ticket office?"

"You two kids come to buy air-tickets? Are you gonna travel somewhere?"

"Nope.""We just wanna go up to the Joy Bridge."

"The Joy Bridge?"

...

Of the two children at the airport to buy air-tickets, one is 7 and the other is 8. Beyond their wildest imaginings, after they ran away, their parents were called by some crooks who demanded a ransom to get them back...

我一定要找到她……
I Really Want to Find Her...

那个女孩儿太漂亮了,戴伟、杰夫和秋田看到了她的照片,都要去找她! 照片是老师死前给他们的,可是照片上的中国女孩儿在哪儿? 他们都不知道。最后,他们到中国是怎么找到那个女孩儿的? 女孩儿又和他们说了什么?

She is really beautiful. Just one look at her photo and three guys, Dai-wei, Jie-fu and Qiu-tian, are all determined to find her! The photo was given to them by their professor before he died. And nobody knows where in China the girl is. How can the guys find her? And what happens when they finally see her?

我可以请你跳舞吗?
Can I Dance with You?

一个在银行工作的男人,跟他喜欢的女孩子刚认识,可是很多警察来找他,要带他走,因为银行里的一千万块钱不见了,有人说是他拿走的。

但是,拿那些钱的不是他,他知道是谁拿的。可是,他能找到证据吗?这真太难了。还有,以后他还能和那个女孩子见面吗?

A smart young man suddenly gets into big trouble. He just fell in love with a pretty girl, but now the police come and want to arrest him. The bank he works for lost 10 million dollars, and the police list him as a suspect.

Of course he is not the robber! He even knows who did it. But can he find evidence to prove it to the police? It's all just too much. Also, will he be able to see his girlfriend again?

向左向右
Left and Right: The Conjoined Brothers

向左和向右是两个男孩子的名字,爸爸妈妈也不知道向左是哥哥还是向右是哥哥,因为他们连在一起,是一起出生的连体人。他们每天都一起吃,一起住,一起玩儿。他们常常都很快乐。有时候,弟弟病了,哥哥帮他吃药,弟弟的病就好了。但是,学校上课的时候,他们在一起就不方便了……

Left and Right are two brothers. Even their parents don't know who is older and who is younger, as they are Siamese twins. They must do everything together. They play together, eat together, and sleep together. Most of the time they enjoy their lives and are very happy. When one was sick, the other helped his brother take his medicine and he got better. However, it's no fun anymore when they sit in class together but one brother dislikes the other's subjects...

第3级：750 词级
Level 3：750 Word Level

第三只眼睛
The Third Eye

画皮
The Painted Skin

留在中国的月亮石雕
The Moon Sculpture Left Behind

朋友
Friends

第4级：1,100 词级
Level 4：1,100 Word Level

好狗维克
Vick the Good Dog

两件红衬衫
Two Red Shirts